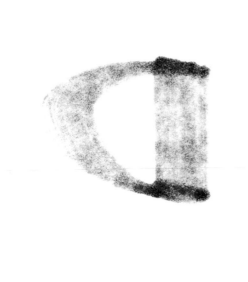

CARRERAS DE MOTOS

DE MOTOS

A Toda Velocidad

Motocross

JIM MEZZANOTTE

GARETH**STEVENS**
PUBLISHING
A Member of the WRC Media Family of Companies

Please visit our web site at: www.garethstevens.com
For a free color catalog describing Gareth Stevens Publishing's
list of high-quality books and multimedia programs, call
1-800-542-2595 (USA) or 1-800-387-3178 (Canada).
Gareth Stevens Publishing's fax: (414) 332-3567.

Library of Congress Cataloging-in-Publication Data

Mezzanotte, Jim.
    [Motocross. Spanish]
    Motocross / by Jim Mezzanotte.
        p. cm. — (Carreras de motos: A toda velocidad)
    Includes bibliographical references and index.
    ISBN 0-8368-6441-7 (lib. bdg.)
    ISBN 0-8368-6579-0 (softcover)
    1. Motocross—Juvenile literature. I. Title.
    GV1060.12.M4918   2006
    796.7'56—dc22   2005033885

This edition first published in 2006 by
Gareth Stevens Publishing
A Member of the WRC Media Family of Companies
330 West Olive Street, Suite 100
Milwaukee, WI 53212 USA

This edition copyright © 2006 by Gareth Stevens, Inc.

Editor: Leifa Butrick
Cover design and layout: Dave Kowalski
Art direction: Tammy West
Picture research: Diane Laska-Swanke
Translators: Tatiana Acosta and Guillermo Gutiérrez

Technical Advisor: Kerry Graeber

Photo credits: Cover, pp. 5, 7, 9, 13, 19, 21 © Steve Bruhn; pp. 11, 15, 17
© Mike Doran/D&W Images

Printed in the United States of America

1 2 3 4 5 6 7 8 9 10 09 08 07 06

CONTENIDO

Cubierta: ¡Una carrera de motocross sobre el barro puede ser emocionante y divertida!

El mundo del *motocross*

¿Te gustan las emociones fuertes? ¡Entonces el *motocross* es lo tuyo! El *motocross* es una modalidad de carreras de motos que se celebra en pistas de tierra al aire libre. Los corredores pasan sobre los baches a toda velocidad. Se apiñan en estrechas curvas. Saltan por los aires a gran altura. Una carrera de *motocross* es ruidosa y emocionante. Supone una dura prueba para los corredores y las máquinas.

El *motocross* se inició en Europa después de la Segunda Guerra Mundial. En los años 60, se extendió a Estados Unidos. Hoy es un deporte muy popular y que crece con rapidez. A algunos les gusta ver las carreras de **profesionales**. Otros compiten en carreras de *motocross* para **aficionados**, en las que participan corredores de todas las edades. En un día de carrera, familias enteras se unen a la diversión.

A mucha gente le encanta la emoción del *motocross*. En esta imagen, unos corredores luchan por la cabeza de la carrera.

Un par de mangas

En una prueba de *motocross* hay dos carreras, llamadas mangas. Los corredores compiten en ambas mangas. Obtienen puntos dependiendo de la posición que logran en cada una. El primero consigue un punto; el último es el que recibe más puntos. Los puntos de cada corredor en las dos mangas se suman. El corredor con menos puntos, gana la prueba.

En Estados Unidos, los profesionales compiten en un campeonato de *motocross*. La organización AMA Pro Racing, que forma parte de la Asociación de Motociclistas Americanos, o AMA, establece las reglas de las carreras.

Los corredores profesionales ganan puntos en cada prueba de *motocross*. Al final de la temporada, el que tenga más puntos es el campeón. Los corredores aficionados compiten en una carrera final para decidir el campeón.

Estos corredores compiten en una manga.
Para ganar, un piloto debe correr bien en dos mangas.

Saltos, baches y mucho más

Los circuitos de *motocross* se construyen en terrenos accidentados e irregulares. La mayoría están en el campo, fuera de las ciudades.

Un circuito de *motocross* tiene fuertes pendientes. También tiene curvas cerradas con paredes inclinadas, llamadas **bermas**. Un circuito tiene zonas con ondulaciones, llamadas **rizados**. También tiene todo tipo de saltos. Una meseta es una elevación plana de tierra. Para superarla, los pilotos tienen que saltar una gran distancia. Algunos saltos alcanzan 20 pies (6 metros) de altura.

El **supercross** es similar al *motocross*. Sin embargo, sus carreras se realizan en estadios deportivos. La tierra se lleva al estadio en camiones, y los trabajadores construyen la pista en el estadio.

Un circuito de *motocross* tiene muchos saltos. En esta imagen, unos corredores llegan a un rizado.

Unas motos de cuidado

Las motos de *motocross* sólo tienen una función —
¡ganar carreras! No disponen de elementos
necesarios para circular por la calle, como los
faros. Estas motos son ligeras pero muy sólidas. Sus
motores son pequeños, si los comparamos con los
de los autos, pero producen muchos **caballos de
potencia**. Todas las motos de *motocross* son rápidas.

Estas motos tienen **neumáticos de tacos** para un
mejor agarre. Cuentan con poderosos frenos para
reducir la velocidad con rapidez. También tienen
una buena **suspensión**. La suspensión conecta las
ruedas al resto de la moto, y permite que las ruedas
suban y bajen al pasar por los baches. También hace
más fácil tomar tierra después de un salto. La rueda
delantera va unida a un par de tubos, la horquilla.
La rueda trasera va unida a un brazo largo llamado
basculante.

Esta moto es ligera, resistente y rápida.
¡Es perfecta para *motocross*!

11

Equipamiento de seguridad

El *motocross* es un deporte duro. Es fácil hacerse daño si te caes. Los corredores necesitan protegerse la cabeza y el resto del cuerpo.

Un buen casco es importante. Los cascos están hechos de materiales ligeros y resistentes, y cubren la cabeza y casi toda la cara. Los corredores también deben llevar gafas, que les protegen los ojos de las piedras y el barro que levantan otras motos.

Los corredores usan trajes especiales de material plástico, duros pero cómodos. Llevan unas protecciones de plástico en el pecho, llamadas petos. También llevan rodilleras y coderas, además de espinilleras y botas altas, que tienen partes metálicas para proteger los dedos.

Un corredor atraviesa una zona de barro.
Los corredores de *motocross* necesitan mucha protección.

Destrezas y entrenamiento

La práctica del *motocross* no es fácil. Necesitas un buen equilibrio para no caer, y rapidez de reflejos. ¡Durante una carrera todo sucede a gran velocidad! Tienes que hacer girar el **acelerador** para controlar la potencia del motor. Tienes que accionar los frenos. También tienes que cambiar de marcha. Algunos pilotos jóvenes asisten a escuelas especiales para aprender a correr, pero la mejor manera de progresar es la práctica. Los profesionales practican con frecuencia.

Correr también requiere fortaleza y **resistencia**. ¡Es una tarea difícil! Una manga profesional dura unos treinta minutos. Eso es mucho tiempo para una carrera. Los corredores profesionales se entrenan para estar en forma. Pueden correr, nadar, montar en bicicleta y levantar pesas. Los corredores profesionales están entre los atletas mejor entrenados del mundo.

Los profesionales pueden hacer que el *motocross* parezca fácil, pero se requiere una gran destreza y mucha práctica.

Un trabajo en equipo

En *motocross* necesitas algo más que destreza. La ayuda de otras personas es esencial. La mayoría de los principales profesionales pertenecen a equipos de fábricas. Corren para fabricantes de motos como Honda, Kawasaki y Suzuki. Los equipos se encargan de mantener a punto las motos.

Los corredores también tienen **patrocinadores**. Correr es muy caro. Un patrocinador es una compañía que paga ciertos gastos. A cambio, el corredor contribuye a que esa compañía sea más conocida.

Los corredores aficionados también necesitan apoyo. A veces se lo proporcionan sus familias. El día de la carrera puedes ver a padres arreglando una moto o dando consejo a algún piloto. Los corredores aficionados también pueden tener patrocinadores.

El *motocross* puede ser una diversión para toda la familia. ¡Compiten hasta niños pequeños!

Campeones de *motocross*

Ricky Carmichael es una de las principales estrellas del *motocross*. Ha sido campeón nueve veces, y también ha sido campeón de *supercross*. James Stewart, Jr., es una estrella emergente. Es uno de los pocos afroamericanos en este deporte. Stewart se hizo profesional en 2002. ¡Ese mismo año consiguió ser campeón de *motocross*! Además, ha sido campeón de *supercross*. Estos profesionales comenzaron a competir cuando eran muy jóvenes. Fueron campeones aficionados y se hicieron profesionales siendo aún adolescentes.

Hay quien tiene sus favoritos entre las estrellas de *motocross* que practican *freestyle*. Los pilotos de *freestyle* no corren, sino que obtienen puntos por hacer piruetas en los saltos. Compiten en los *X Games* y en otros eventos.

Ricky Carmichael lleva muchos años compitiendo. Es uno de los mejores corredores de *motocross*.

¡A competir!

Llegó la hora de la carrera. Te alineas con los demás pilotos ante la **valla de salida**. La valla cae. Los motores rugen mientras te diriges a la primera curva. Vas rodeado por otros corredores. Tratas de encontrar la mejor trazada, que te permita tomar la curva con mayor rapidez. Sales de la curva y atraviesas un rizado. Se acerca un salto. De repente, estás en el aire. Tocas tierra primero con la rueda trasera y aceleras hacia la siguiente curva.

Más adelante, un corredor cae. Un comisario hace ondear una bandera amarilla —está prohibido adelantar. Tú sigues esforzándote, vuelta tras vuelta. Puedes ver a los líderes de la carrera. ¿Conseguirás alcanzarlos antes de que ondee la bandera a cuadros que indica el final de la carrera?

Los corredores salen de la valla dejando atrás una nube de polvo. ¡Será una dura carrera!

GLOSARIO

acelerador: parte de la motocicleta que controla la cantidad de gasolina que llega al motor. Los corredores accionan el acelerador haciendo girar una empuñadura del manillar.

aficionados: en deportes, personas que compiten por placer y no para ganar dinero

bermas: montículos de tierra que se usan para crear curvas inclinadas o con peralte

caballo de potencia: cantidad de potencia producida por un motor, basada en el trabajo que puede realizar un caballo

neumáticos de tacos: neumáticos que tienen protuberancias, o tacos, que penetran en la tierra

patrocinadores: compañías que ayudan a alguien a realizar una actividad. A cambio, esa persona contribuye a que la compañía sea más conocida. Los atletas suelen colaborar con un patrocinador usando sus productos o llevando su nombre en la ropa o en un lugar visible.

profesionales: en deportes, personas que reciben dinero por competir

resistencia: capacidad de continuar realizando una actividad

rizado: zona con una serie de ondulaciones en una carrera de motocross

supercross: modalidad de competencia de motos similar al *motocross*. Se realiza sobre pistas de tierra más cortas, dentro de estadios deportivos y en otros lugares.

suspensión: sistema que permite que las ruedas de una motocicleta pasen sobre los baches, de manera que el piloto tenga estabilidad sobre terrenos desiguales

valla de salida: en *motocross*, barrera metálica que cae al suelo frente a los corredores para dar inicio a la carrera

MÁS INFORMACIÓN

Libros

Dirt Bikes. Motorcycle Mania (series). David Armentrout (Rourke Publishing)

Extreme Motocross. Extreme Sports No Limits (series). Bobbie Kalman (Crabtree Publishing)

Motocross. Radical Sports (series). Gary Freeman (Heinemann)

Motocross Racing. Dirt Bikes (series). Terri Sievert (Capstone Press)

Ricky Carmichael: Motocross Champion. Michael Martin (Capstone Press)

Videos

Fox Racing Presents Greatest Hits, Vol. 1 (Redline Entertainment)

Peewees to Pros: Motocross, Family, and Friends (Bill Cady, director)

Terrafirma 7: Project MX (Red Distribution)

Páginas Web

www.amamotocross.com
Página oficial de las carreras de *motocross* y *supercross* de la AMA. Contiene información sobre carreras profesionales y de aficionados, además de fotografías.

www.hondaredriders.com/motocross/landing.asp
Visita esta página para conocer a los miembros del equipo Honda de *motocross*, entre los que se encuentra la estrella del *supercross* Jeremy McGrath. Puedes hacer "clic" sobre diferentes pilotos para obtener fotografías e información.

www.kawasaki.com/motorsports/team_motocross.asp
Esta página tiene muchas fotografías de James Stewart, Jr., que corre en el equipo Kawasaki.

ÍNDICE